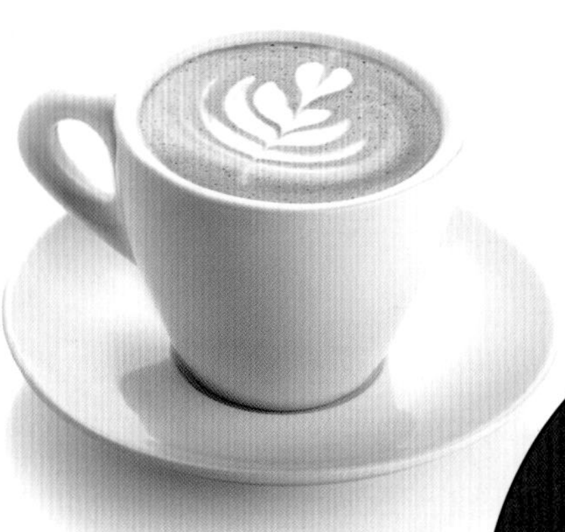

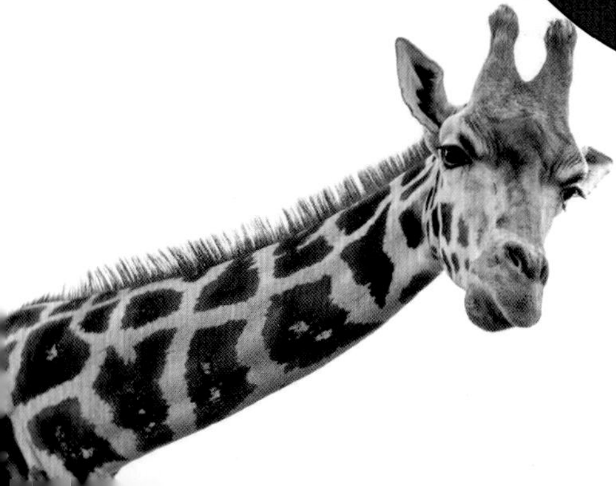

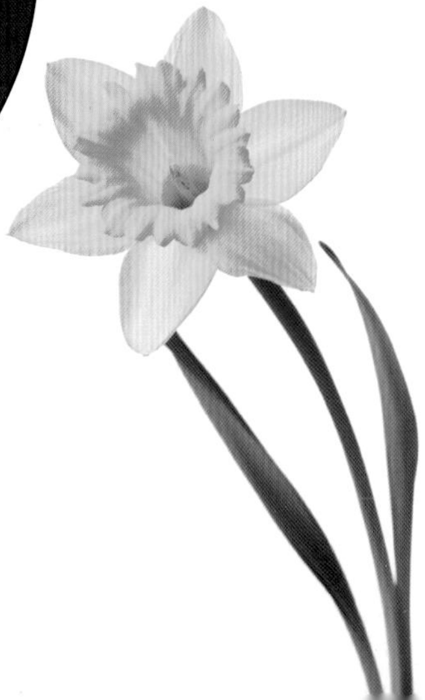

sniff

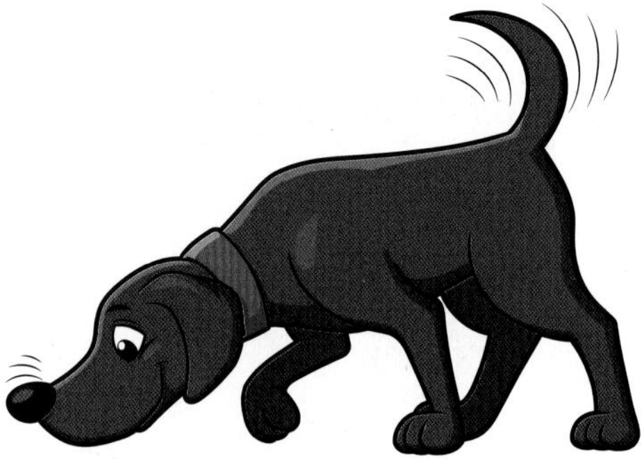

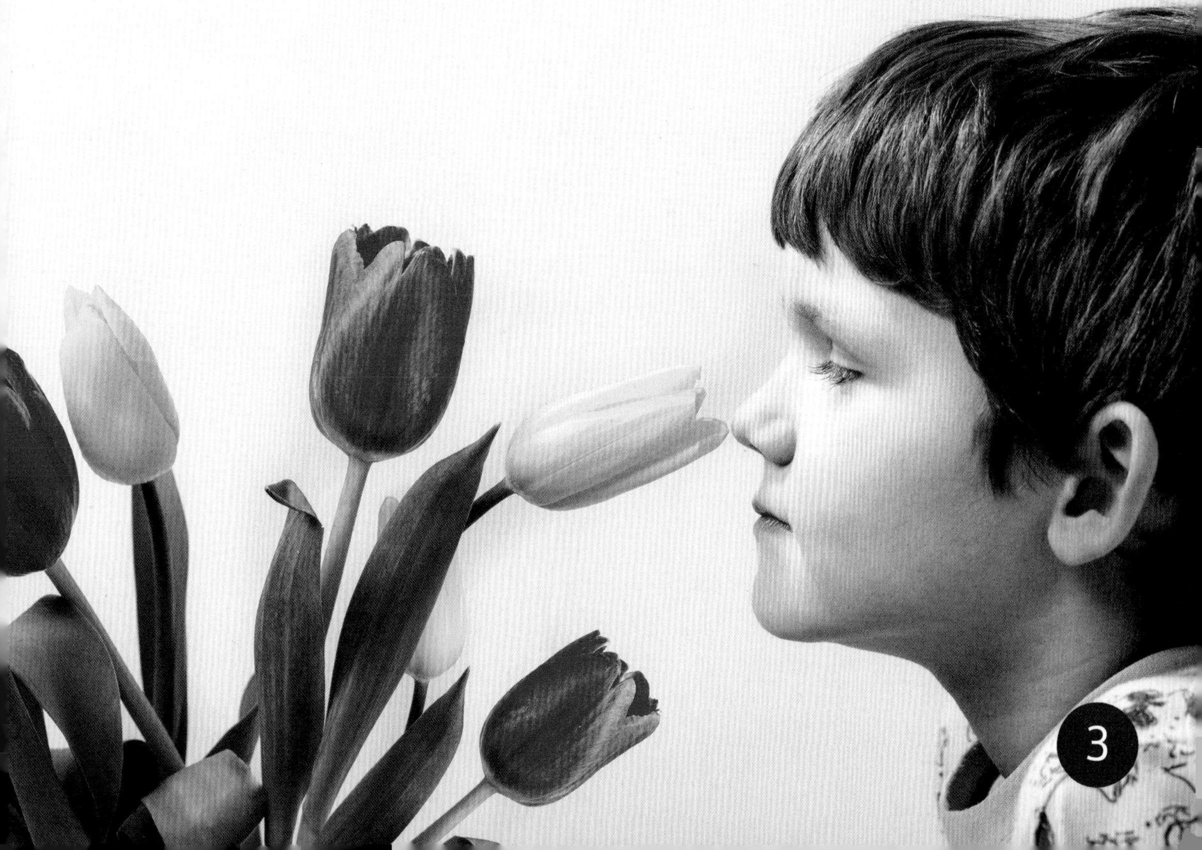

cliff

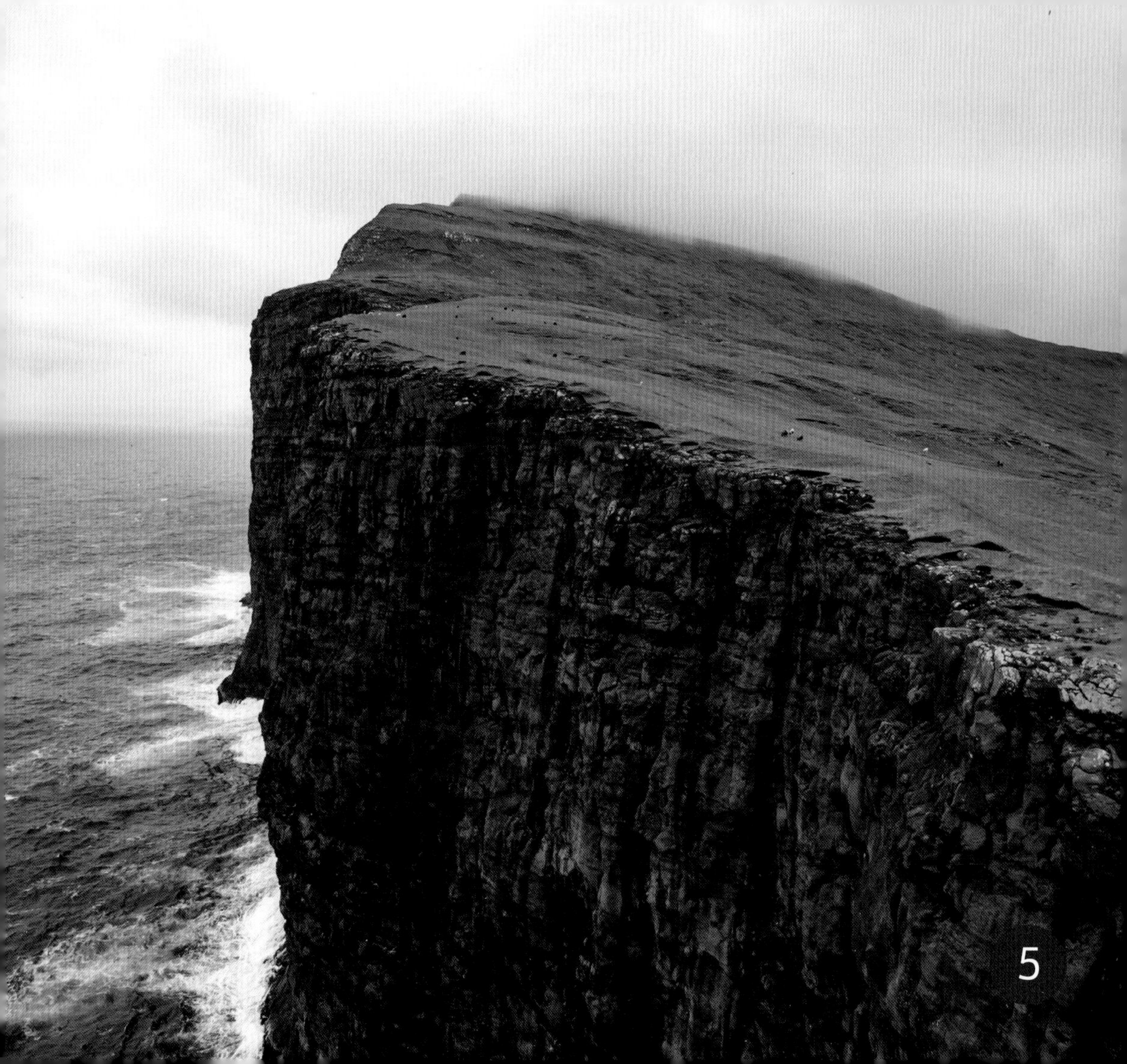

cuff

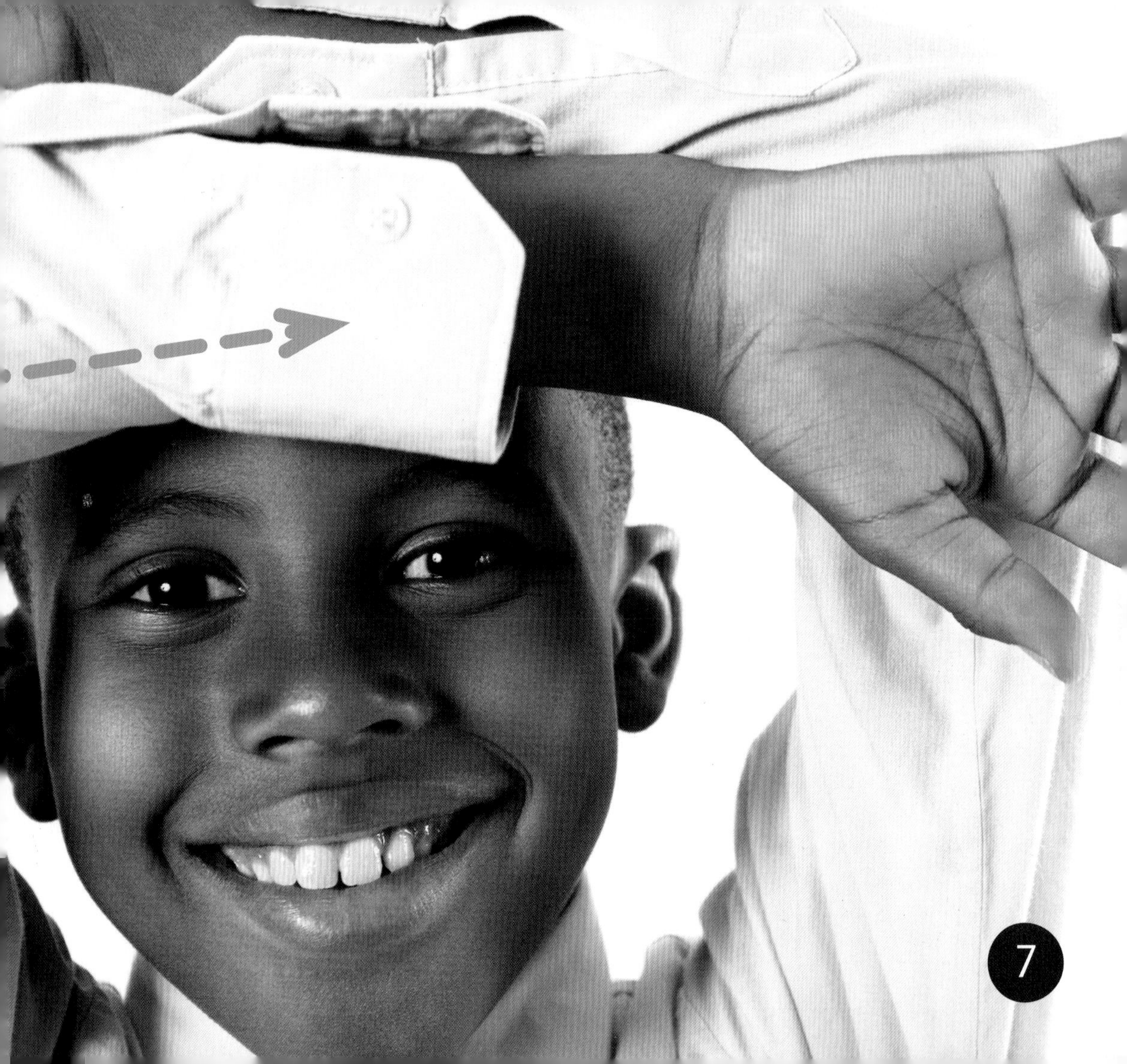

fluff

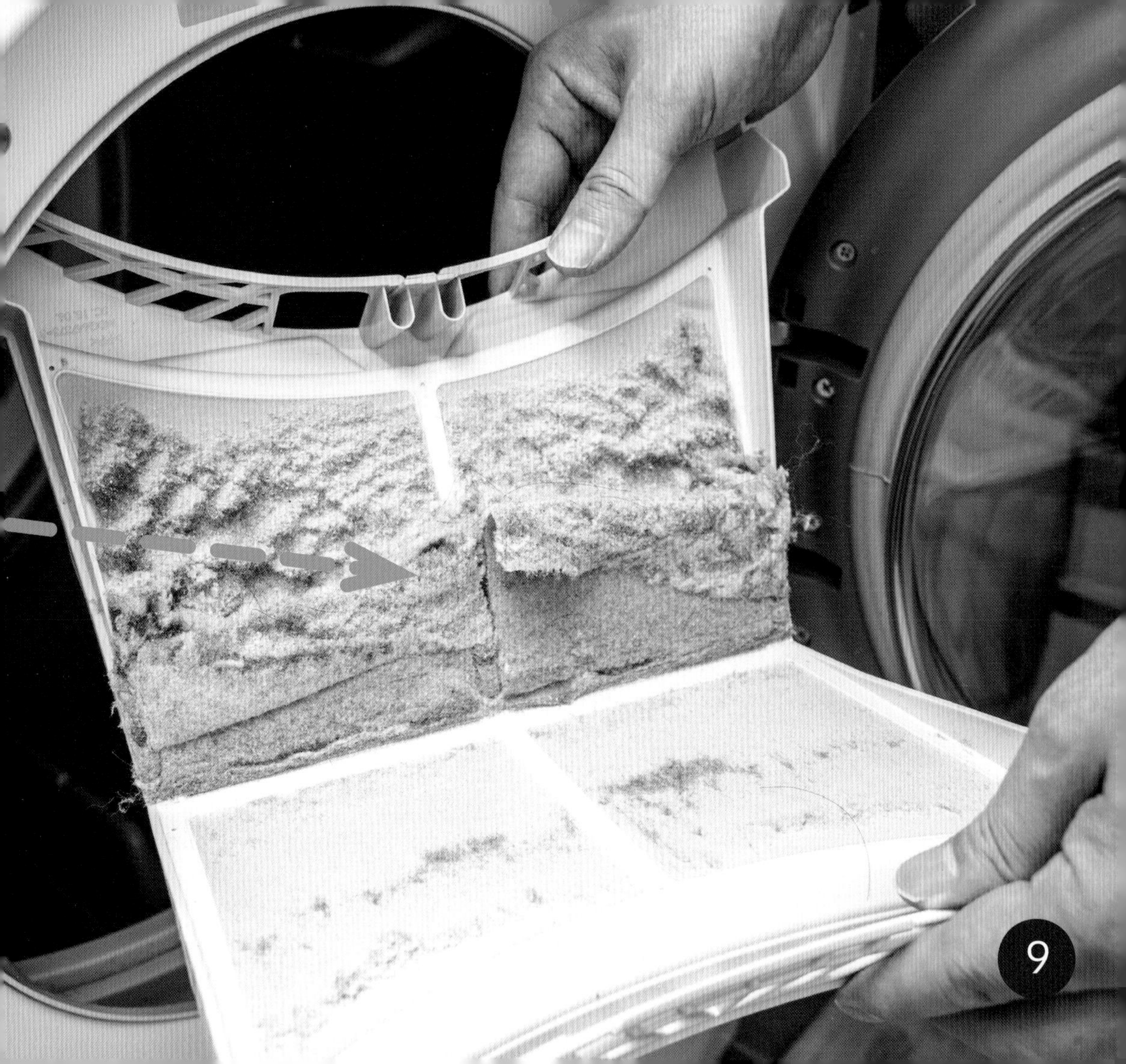
9

puff

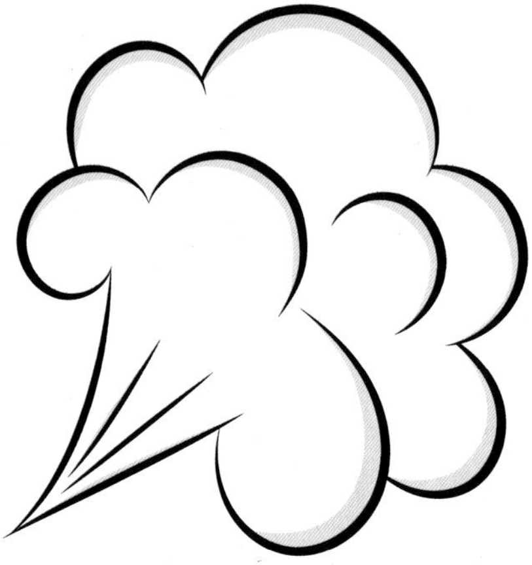

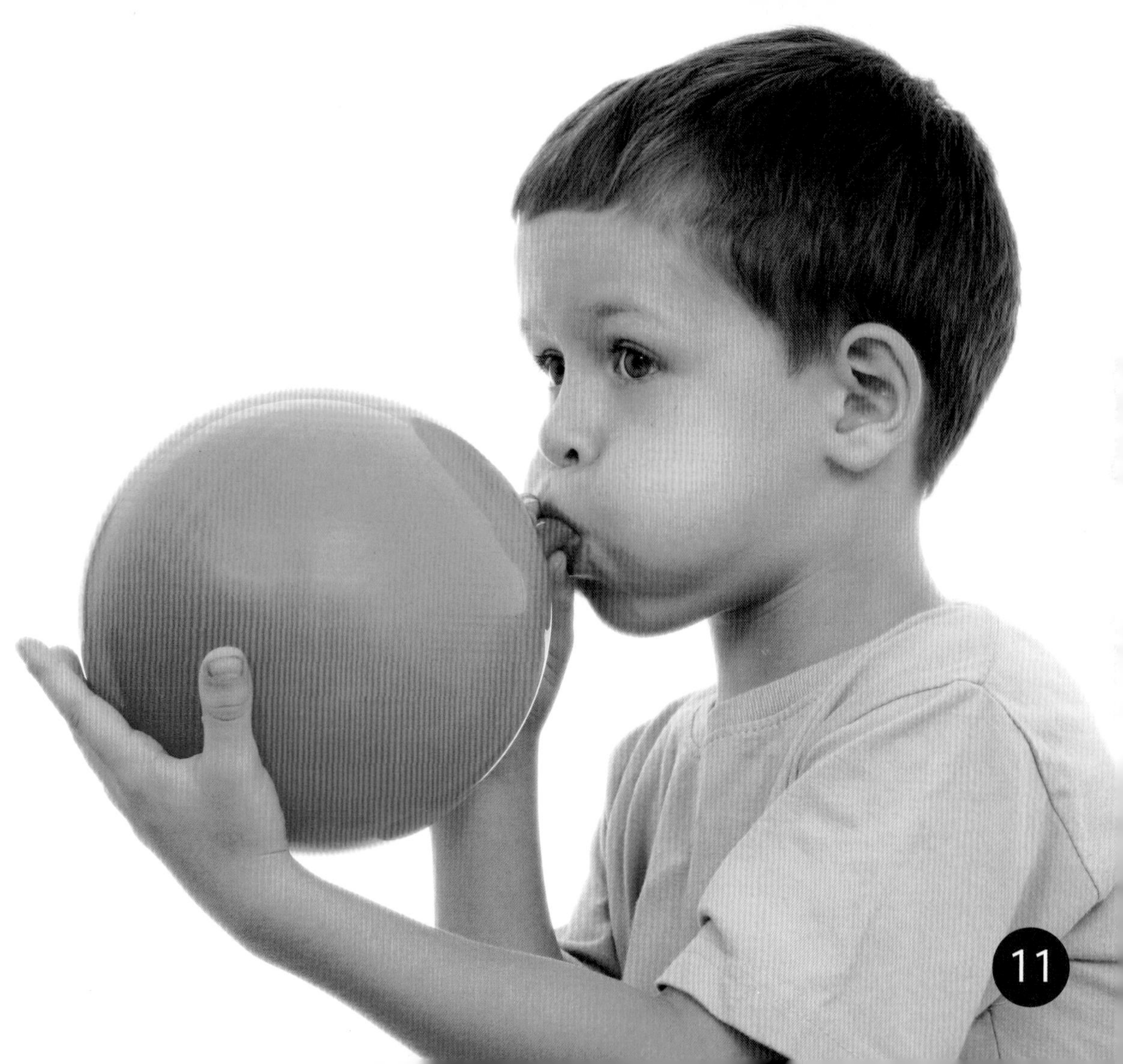

gruff

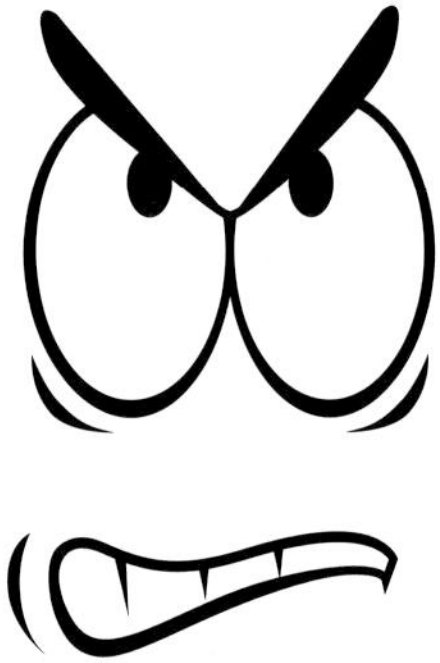

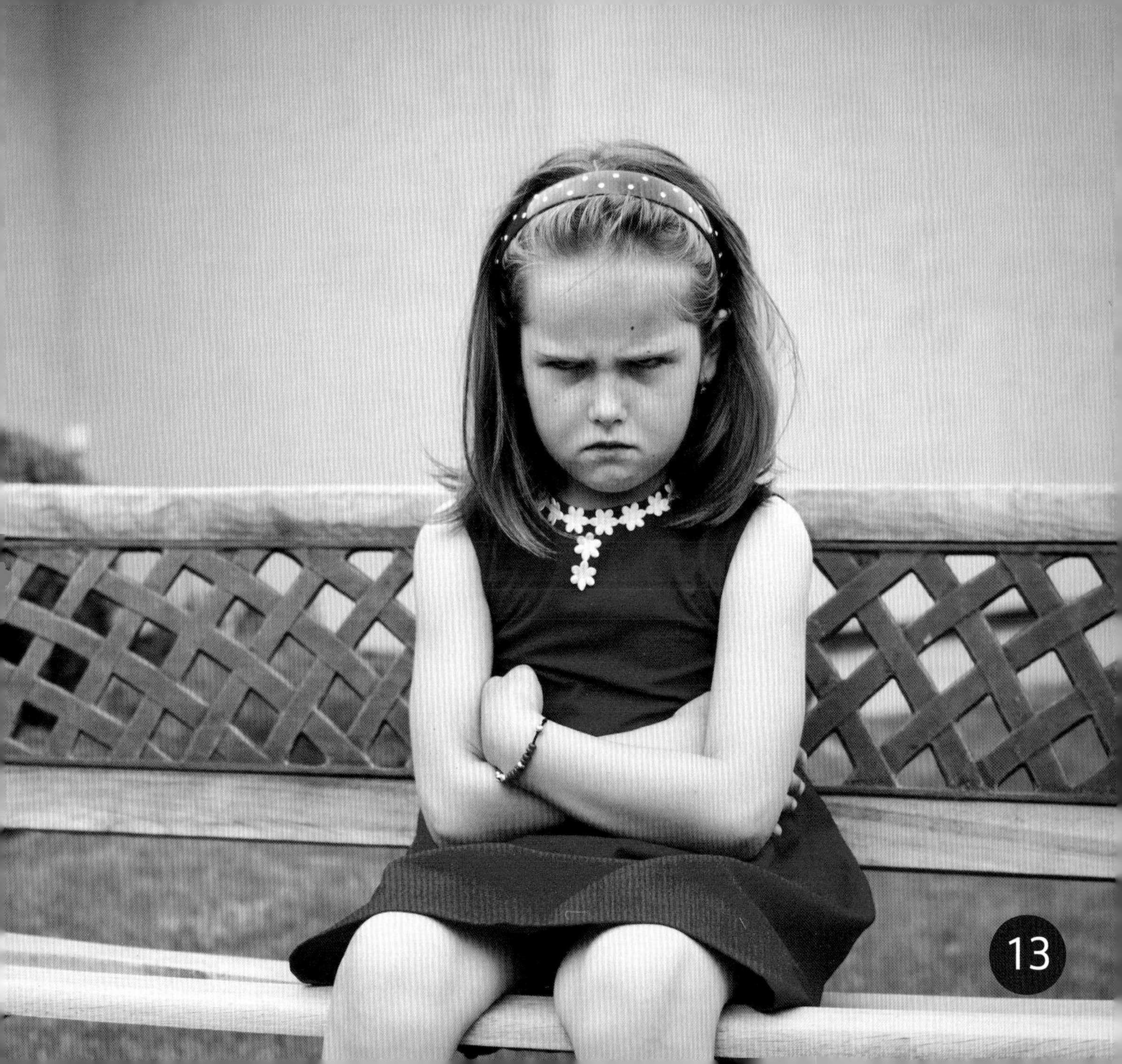

muff

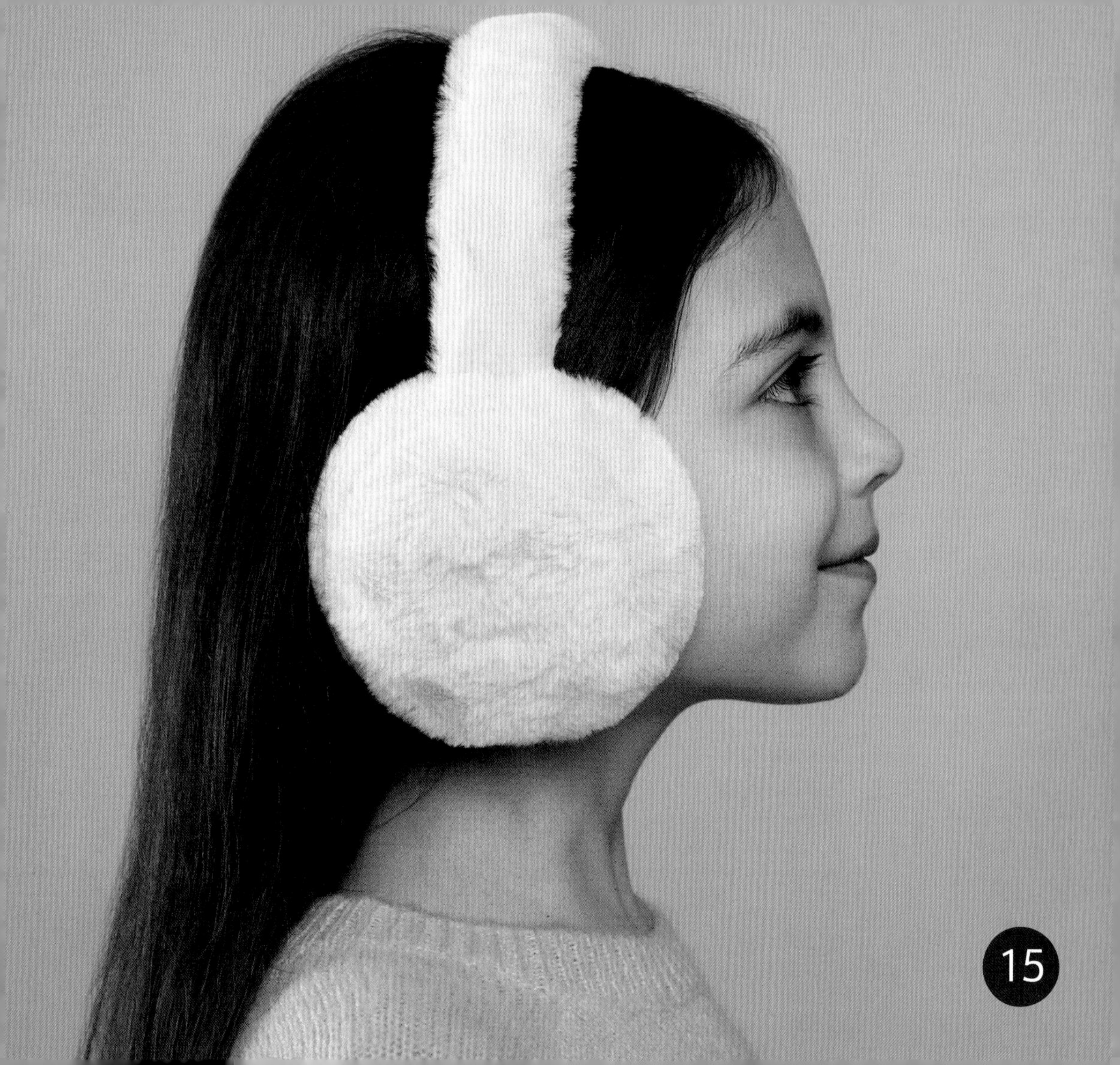

sniff	cliff
cuff	fluff
puff	gruff
muff	